SUR GRIN VOS CONNAISSANCES
SE FONT PAYER

- Nous publions vos devoirs
  et votre thèse de bachelor et master

- Votre propre eBook et livre –
  dans tous les magasins principaux du monde

- Gagnez sur chaque vente

Téléchargez maintentant sur www.GRIN.com
et publiez gratuitement

María Isabel Sánchez

Alternances codiques et français parlé en Afrique

GRIN Verlag

Bibliografische Information der Deutschen Nationalbibliothek:

Die Deutsche Bibliothek verzeichnet diese Publikation in der Deutschen National-
bibliografie; detaillierte bibliografische Daten sind im Internet über http://dnb.d-
nb.de/ abrufbar.

Imprint:

Copyright © 2000 GRIN Verlag GmbH
Druck und Bindung: Books on Demand GmbH, Norderstedt Germany
ISBN: 978-3-656-66988-3

This book at GRIN:

http://www.grin.com/fr/e-book/274136/alternances-codiques-et-francais-parle-en-
afrique

QUEFFÉLEC, A. (ed.) (1998): *Alternances codiques et français parlé en Afrique*. Actes du Colloque (Aix-en-Provence, septembre 1995). Aix-en-Provence: Université de Provence, 377 p.

Dans les pays dits d'expression française, la situation linguistique est généralement polyglossique. Le français s'ajoute aux langues vernaculaires comme langue officielle, d'enseignement et de communication internationale. Il occupe donc une fonction véhiculaire. En Afrique francophone, un individu est souvent amené à apprendre plusieurs langues. Le parler bilingue (l'emploi juxtaposé de différentes variétés linguistiques) qui peut en résulter, notamment celui entre une langue véhiculaire (terme employé pour la communication entre des personnes ayant des langues premières différentes) et une langue vernaculaire (terme employé pour les variétés parlées sur un territoire déterminé), est souvent observé en Afrique. Le choix d'une langue véhiculaire apparaît parfois même comme nécessaire pour garantir ou pour faciliter la communication entre des locuteurs de parlers vernaculaires différents. Tout contact de langue entraîne des conflits. Le choix de langue obéit alors aux règles déterminées par le contexte polyglossique donné. En ce qui concerne le français oral d'Afrique, il présente certaines particularités.

D'une manière générale, les données sur des situations linguistiques en Afrique francophone font défaut. L'emploi des langues en Afrique Noire n'a éveillé l'intérêt des chercheurs que dans les années quatre-vingt. Pour cette raison, les *Actes du Colloque* dirigé par A. Queffélec doivent être considérées comme une contribution importante dans le domaine de la recherche linguistique. Les études présentées par les participants au colloque jouissent d'un intérêt spécial; d'autant plus que la plupart des articles montrent les résultats d'enquêtes réalisées auprès des Africains francophones.

Ce colloque est consacré à étudier tant l'usage que les attitudes adoptées à l'égard du français parlé au Maghreb et en Afrique Noire. Il vise à approfondir la situation du français oral spécifique en Afrique dans des contextes marqués par un plurilinguisme généralisé. Comme l'indique le titre des actes, *Alternances codiques et français parlé en Afrique*, cet ouvrage focalise d'une part l'importance fondamentale des phénomènes d'alternance codique et d'autre part, les particularités du français oral d'Afrique. Néanmoins, cinq articles abordent les méthodes d'enquête, le traitement des données ou les conditions de production en français.

Les actes rassemblent les textes de 32 communications (et ne pas de 31 comme apparaît dans l'introduction du livre) concernant 13 pays de l'Afrique francophone: le Maroc, l'Algérie, la Tunisie,[1] la Mauritanie, le Cameroun, le Mali, le Sénégal, la Guinée, le Burkina Faso, le Bénin, le Burundi, le ex Zaïre et le Congo. L'Île Maurice, le Madagascar, mais aussi la France et le Québec forment parfois objet de comparaison.

---

1. Selon Glessgen, le français parlé au Maghreb présente des convergences linguistiques ayant souvent des sources dans les interférences de l'arabe. (cfr. GLESSGEN, MARTIN-DIETRICH (1996): «Das Französische im Maghreb: Bilanz und Perspektiven der Forschung». *RJb*, 47, p. 28-63.)

La présentation du livre est critiquable. Après une brève introduction, les articles apparaissent par ordre alphabétique des auteurs. Une conclusion générale mettant en perspective les différentes interventions manque. Il aurait été préférable de regrouper les articles par thèmes et d'y ajouter des rapports de synthèse.

Bien que plusieurs classements soient possibles pour ce recueil d'articles, je propose six groupes concernant les thèmes suivants: méthodes d'enquête; conditions de production en français; alternance codique; aspects sémantiques; particularités morphologiques; syntaxiques et morpho-syntaxiques, et intonation et prosodie.

1. *Méthodes d'enquête.* Deux communications envisagent l'abord d'un corpus linguistique sur le français oral: Rydalevsky, "De la collecte et du traitement des données orales" (p. 345-352) et Epanga Pombo, "Méthodes d'enquête sur le français parlé au Zaïre" (p. 183-188).

Le premier auteur fournit quelques précisions techniques relatives au matériel d'enregistrement et à sa mise en oeuvre. Il conseille l'utilisation de magnétophones à bobines. En outre, il attire l'attention sur la nécessité d'harmoniser mieux encore les procédures de saisie informatique et précise l'intérêt de se tenir à des applications communément employées. Tout conscient des inévitables écueils auxquels le transcripteur se trouve quotidiennement confronté, il souligne l'importance de la fidélité de la transcription. Il évoque, par exemple, la notation des pauses, de la longueur vocalique, de l'intonation, des itérations ou des échanges de propos .

Le deuxième auteur est plus pragmatique. Il propose les enregistrements des productions langagières orales des émissions radiophoniques et télévisées, des audiences dans les tribunaux, des débats parlementaires, des conversations quotidiennes dans différents lieux publics et des interviews. Les locuteurs doivent appartenir à différentes couches socio-professionnelles, socio-culturelles et socio-économiques. Les données sont sélectionnées sur la base des critères de qualité, de fréquence, de dispersion géographique, d'origine ou de provenance. Cette sélection est soumise à l'appréciation des étrangers usagers de la norme du français standard afin de vérifier deux points: la conformité des structures recensées à la norme du français standard et à la variété commune locale; et la communicabilité ou non entre les usagers de différentes variétés et aussi entre les usagers de la variété étudiée.

2. *Conditions de production en français.* Quatre auteurs présentent globalement la situation plurilingue d'Afrique ou d'un pays africain: "Que fait-on ici en français?" par Arnauld / Renaud (p. 7-29), "Les conditions de production du français au Mali" par Canut (p. 81-92), "Quel sociolecte urbain à composante française à Kinshasa? Configurations actuelles et représentations" par Kashema (p. 261-278) et "Les Tribunaux Populaires de la Révolution (TPR), une tribune pour le français populaire sous la révolution burkinabé" par Prignitz (p. 331-344).

Arnauld et Renaud partent du fait que le "français d'Afrique" s'efface au profit de "français en Afrique" caractérisé par les besoins de communication propres. Ainsi, il n'y a pas une situation du français en Afrique, mais les principes d'une typologie des dynamiques linguistiques liées aux situations de production d'une parole francophone. Les auteurs mettent à point une typologie concernant les conditions de production. Le dynamisme de la parole francophone fait d'elle une réalité sociale. Pour cette raison, la parole est toujours liée au contexte de sa production et doit être étudiée dans cette perspective. La situation linguistique, même si elle est chaque fois unique, se caractérise pour Arnauld et Renaud par trois attributs: le différé, le nécessaire et le local. Chaque attribut apparaît soit positivement, soit négativement. De cette manière, ils forment huit types de situations de parole francophone. Cette typologie formerait un moyen de faire progresser la compréhension des pratiques d'alternance, de mélange ou de communication véhiculaire.

Canut pense que la dynamique du français au Mali ne semble pas encore s'orienter vers une dialectalisation. Les particularités syntaxiques qu'il présente dans son travail seraient trop peu nombreuses et ne permettraient aucune généralisation. De plus, la présence du français est très faible sur le territoire malien. La langue véhiculaire et non marquée par une communauté "ethnique" particulière est le bambara. Cependant, 50 % des personnes interrogées refusent le remplacement du français par une autre langue à l'école. Dans la représentation des informateurs, le français ne constitue pas seulement la langue officielle, mais il existe toute une mythification de cette langue considérée comme la langue de la réussite ou une langue plus moderne que le bambara. Par contre, les représentations sur le bambara varient entre une langue "juste bon à faire la cuisine et à chanter" et un outil de promotion sociale. Néanmoins, la relation entre le français et le bambara risque d'évoluer encore très vite avec les écoles bilingues français / langues nationales.

Kashema observe que l'universalité du lingala est contesté à Kinshasa auprès de la population jeune. Le lingala semble occuper une place de choix au niveau des langues nationales, mais la première place lui est de plus en plus contestée par les autres linguas francas ou régionales, telles le swahili, le munukutuba... et le ciluba. Mais face au français et à ses avatars, il passe au second rang. Pour cette raison, Kashema constate avec surprise que 43,3% des informateurs évoquent comme langue seconde le français et seulement 38% mentionnent le lingala.

Les Tribunaux Populaires de la Révolution en Burkina Faso ont été mis en place pour sanctionner les abus financiers imputables aux gestionnaires de la République avant la révolution d'août 1983. L'objectif était de mobiliser la population par la radio. Le français jouait un rôle véhiculaire dans la mesure que la révolution a voulu gommer au maximum les différences ethniques. Cette langue incarnait donc un idéal politique, social et symbolique. Prignitz constate que le discours est spontané et reflète le style le plus vernaculaire, c'est-à-dire parlé. Il relève un vocabulaire teinté des préoccupations du moment ainsi que des expressions de l'usage courant. La production langagière analysée montre des traits de l'oralité, telle la tendance à la forme synthétique ou analytique et se réalise sans souci de beau langage pour les règles morpho-syntaxiques. En relation avec l'appropriation de la langue étrangère, Prignitz lie cette production à une "norme africaine" ou à un "standard burkinabé".

3. *Alternance codique.* Les études sur l'alternance codique font l'objet de neuf articles: "L'alternance codique chez les locuteurs burundais: comment, pour quoi?" par Frey (p. 213-228), "L'alternance codique français / arabe dialectal tunisien dans des conversations téléphoniques" par Darot (p. 119-129), "Contraintes syntaxiques dans l'alternance codique arabe marocain - français" par Fallous (p. 197-204), "L'alternance de langues comme marqueur du changement des genres discursifs et de l'accentuation de l'intersubjectivité" par Bensalah (p. 39-49), "Remarques sur l'alternance codique conversationnelle en Algérie" par Derradji (p. 131-141), "Africanisation du français et francisation du kirundi: recherches sur le parler bilingue des burundais francophones" par Hatungimana (p. 247-260), "Attitudes et représentations linguistiques d'une population universitaire dakaroise face au "francolof" par Masuy (p. 293-305), "Français oral et "camfranglais" dans le sud du Cameroun" par De Féral (p. 205-212), "Le mélange des codes en français de Guinée illustré par le journal *Le Lynx*" par Diallo (p. 155-168).

Frey analyse des conversations téléphoniques de locuteurs bilingues français / kirundi. Ses objectifs consistent à mettre en évidence les conditions de production du discours mixte français / kirundi ainsi que les motivations et les intentions plus ou moins conscientes des locuteurs. L'article se compose de trois parties: une description linguistique, les paramètres de la situation de communication et les stratégies discursives. Frey considère que le discours mixte pourrait être l'état d'une mutation linguistique et se pose la question de la créolisation du français (ou du kirundi).

Hatungimana coïncide dans le fait que le parler bilingue ne doit pas être pris pour un dialecte qui "se rapproche" du français, mais pour la naissance soit d'une nouvelle variété de kirundi, soit d'un parler autonome, presque un créole, seulement accessibles aux francophones kirundiphones. Dans une enquête menée auprès des Burundais instruits, 16% des informateurs répondent à la question de définir "ce mélange de français et de kirundi que les Burundais instruits utilisent dans leurs conversations" que "c'est du français", et 65% disent que "c'est du kirundi"; pour 16% des personnes interrogées, c'est l'un ou l'autre, ou bien ce n'est ni l'un ni l'autre.

L'étude de Darot se base sur l'analyse de "L'alternance codique français / arabe dialectal tunisien dans des conversations téléphoniques" (p. 119-129). Darot a mené une enquête auprès des femmes tunisiennes francophones. Bien que les informatrices vivent le "mélange" comme une "faute", elles emploient spontanément les deux codes lorsque la situation d'énonciation permet un usage non contraint du français. L'arabe dialectal tunisien et le français semblent interchangeables et combinables dans les discours des conversations enregistrées. Nonobstant, le français et l'arabe dialectal forment contraste d'un point de vue énonciatif, pragmatique et discursif. Au niveau syntaxique, les deux codes ne font qu'un.

Fallous affirme dans son étude sur les contraintes syntaxiques dans l'alternance codique arabe marocain / français que plus le syntagme nominal ou verbal est étendu, plus l'alternance codique est possible. Il parait intéressant que les subordonnées relatives et conjonctives, par exemple, soient du même code linguistique que les pronoms relatifs. Ceux-ci fonctionneraient donc comme des marqueurs énonciatifs.

Bensalah constate que certains termes et segments d'énoncés plus employés pour changer de langue apparaissent sur le plan du discours comme des *passeurs* pour introduire les changements de langue. Malgré la difficulté de classer ces marqueurs énonciatifs, elle énumère ceux qui apparaissent dans son corpus français / arabe dialectal algérien. Comme exemple, on peut citer les signaux de bornage de passation ou de prise de parole, les signaux de particules logico-argumentatives ou les signaux d'interjection. Bensalah présente pour les marqueurs énonciatifs des exemples dans les deux langues en question. En outre, elle fait allusion aux marqueurs prosodiques. Le passage d'une langue à l'autre peut être en relation avec un changement de référenciation, de point de vue, de monde ou de genre discursifs. Bensalah caractérise l'alternance codique comme "un reflet des mouvements et circuits interprétatifs de la pensée saisies par le langage pour dire le monde". Comme l'alternance codique peut fonctionner comme un accentuateur, elle la met en relation avec une figure rhétorique de style.

Derradji s'est aussi occupée de l'alternance codique conversationnelle. Elle la considère comme un phénomène "normal" dans un milieu universitaire étudiant en Algérie et constate que les termes en langue arabe sont utilisés comme des articulateurs entre les divers actes de parole. Derradji conclue que les individus "biculturés" ont besoin de créer un langage intermédiaire.

Masuy se concentre sur la population dakaroise universitaire afin d'étudier le parler bilingue basé sur le français et le wolof, voire le francolof. La disparition du wolof "pur" a donné naissance à un code novateur, plus apte à assumer la communication entre Sénégalais venus d'horizons différents et vivant à Dakar. Masuy observe que le mélange des langues s'effectue dans le cadre de relations entre pairs et qu'il se réalise différemment selon les circonstances de prise de parole et selon l'identité ethnique du locuteur. De manière générale, les informateurs ne perçoivent pas le "francolof" comme une variété sénégalaise du français de France. L'avenir des deux langues impliquées ne seraient en aucune manière menacé par la pratique du discours mixte. La valeur du "francolof" est notamment identitaire.

La revendication identitaire à l'échelle nationale se trouve aussi dans le "camfranglais" qui a trouvé une grande popularité chez les élèves et étudiants de Douala et de Yaoundé au Cameroun. Il s'agit, sur une structure syntaxique et un fond lexical français, de l'utilisation de lexèmes empruntés au pidgin-english / à l'anglais, et, dans une moindre mesure, au douala et à l'ewondo. De Féral explique que le "camfranglais" a pour origine le français makro / pidgin makro, essentiellement parlé par les makros, c'est-à-dire les voyous de Douala et de Yaoundé. Cependant, cet argot a perdu sa dénomination péjorative. En ce qui concerne les usages non standard dans les productions de français, comme par exemple l'emploi d'un *tu* indéfini dans des interactions avec vouvoiement ou la reprise anaphorique de l'objet, De Féral affirme que ces phénomènes sont typiques pour les productions orales et qu'ils apparaissent aussi en France.

Elle critique ceux pour qui ces phénomènes passent inaperçus pour les locuteurs francophones même dans des contextes relativement formels, mais qui les remarquent dans les productions des Camerounais. Diallo étudie l'alternance codique dans *Le Lynx*, un hebdomadaire satirique indépendant de la Guinée. Le journal montre de manière exagérée comment les Guinéens utilisent le français en l'apprivoisant pour exprimer leurs états d'âme et leurs émotions. Les discours sont en français émaillé de mots et des expressions provenant des langues guinéennes. Parfois, ces discours accompagnent des petites bandes dessinées. Diallo souligne des mots français déformés, des particularités lexicales locales, des mots et des énoncés en langue locale, des onomatopées d'origine indéfinie, des interjections des langues locales et l'intonation.

4. *Aspects sémantiques*. Le lexique reste le domaine de la langue le plus instable et, par de suite, plus exposé à la néologie. Trois auteurs ont travaillé sur la création lexicale: Essono, "Les créations lexicales en français d'Afrique. Le cas du Cameroun" (p. 189-195), Diagana, "L'usage d'un français oral en Mauritanie" (p. 143-153), Lafage, "Hybridation et "français des rues" à Abidjan" (p. 279-291).

Essono remarque dans son corpus trois procédés usuels: la troncation, réduisant les mots à des formes monosyllabes ou dissyllabes; l'emprunt à l'anglais -étant donnée que le bilinguisme franco-anglais se trouve instituée au Cameroun- et la dérivation, le procédé le plus productif dans la création lexicale. Les créations ne se trouvent pas attestées dans les dictionnaires. Essono pense que ce serait une utopie de vouloir enseigner le français dans sa forme "neutre". Comme langue seconde, le français doit être assimilé et adopté aux réalités africaines.

En Mauritanie, le français perd du terrain au profit de l'arabe. Malgré les prises de positions hostiles au français, ce dernier y reste dynamique. Selon Diagana, on se l'approprie en y forgeant des néologismes qui fonctionnent comme de l'argot. De plus, l'auteur mentionne l'usage du verlan.

Lafage appelle un mot hybride s'il est constitué d'éléments provenant de langues différentes. La plupart des néologismes à Abidjan sont des hybrides. Le cas le plus simple est celui du nom composé ou de la locution. Mais, il y a aussi des dérivés formés par suffixations. Quelques suffixes productifs sont *-eur* (français), *-man* (anglais), *-drome* (grec), ou *-ya* (dioula). Les cas de préfixation sont plutôt rares. L'auteur observe que l'origine de certains lexèmes empruntés n'a pas encore été identifié. Lorsque la déformation atteint le verbe en le laissant à peu près invariable, surgit le problème des marques temporelles.

5. *Particularités morphologiques, syntaxiques et morpho-syntaxiques*. Quatre communications focalisent des aspects morphologiques: Meunier-Crespo, "La labilité morphologique et la notion de diamorphe" (p. 307-309); Biloa, "Le français parlé au Cameroun" (p. 63-74); Cherrad-Benchefra, "L'expression du passé dans le système verbo-temporel du français parlé en Algérie" (p. 93-106) et Rydalevsky, "Note sur l'emploi absolu des verbes transitifs dans quelques productions mésolectales ouagavilloises" (p. 353-365).

Meunier-Crespo définit la labilité morphologique comme "la variabilité à causalité interne responsable du changement linguistique". Elle pense que l'instabilité sur un point morphologique ou phonologique est plus sensible dans les parlers de migrants et de ceux qui acquièrent une langue seconde en milieu naturel. Une enquête menée à Abidjan montre que la tendance à la simplification des alternances morphologiques qui affectent le verbe crée un besoin d'invariabilité. L'adoption de la solution la plus simple se base sur la première acquise par le locuteur. C'est le cas pour le présentatif *c'est* [se]. L'auteur appelle "diamorphe fonctionnel" la forme [se] employée majoritairement comme présentatif notionnel, et minoritairement comme présentatif du procès. Selon Meunier-Crespo, le contact du français d'Abidjan avec la norme du français (école, médias) empêchera une créolisation de cette variété linguistique.

Biloa oppose les onze temps simples et onze temps composés du français aux sept temps grammaticaux du bàsàa. Cette différence est responsable des interférences —même parmi l'élite— morpho-syntaxiques du bàsàa dans le français. L'auteur considère ce fait comme un phénomène tout à fait normal. La rencontre inter-culturelle exige le besoin de traduire toutes les nuances et toutes les expériences de la vie camerounaise.

Cherrad-Benchefra étudie les temps réels et irréels du français d'Algérie. Elle observe que les locuteurs emploient un système verbal qui garde toute sa pertinence mais qui s'écarte du système de l'école à tel point qu'il lui devient parallèle.

Rydalevsky a analysé l'emploi des verbes transitifs du niveau mésolectal dans des productions orales à Ouagadougou. Il a observé plusieurs cas où des verbes normalement suivis d'un complément essentiel sont employés seuls. Tout conscient que cet emploi apparaît dans certains lectes hexagonaux, il affirme que les locuteurs de son enquête désirent parfois mettre l'accent sur l'action plutôt que sur son objet en éliminant le complément direct. De plus, il tient compte du groupe voltaïque qui exige un complément d'objet postposé. Ainsi, on ne devrait pas mésestimer l'influence de certains substrats sur la suppression des pronoms compléments antéposés.

En ce qui concerne les travaux sur la syntaxe, on trouve quatre contributions dans les actes: Edema, "Modification syntaxique et modification sémantique en français parlé par des Zaïrois" (p. 169-182); Bigirimana, "Quid du genre dans les production orales spontanées en français du Burundi?" (p. 51-61); Mfoutou, "La distribution de *très*, *beaucoup* et *trop* chez les francophones congolais" (p. 311-319) et Boumlik, "Le fonctionnement du système prépositionnel du français du Maroc" (p. 75-80).

Edema relève des changements de catégories grammaticales dans le français parlé par des Zaïrois. L'auteur se concentre sur l'usage de préposition et sur la construction du verbe. Comme Rydalevsky, Edema constate que le verbe transitif est souvent employé de manière intransitive. Les changements sont d'une part liés à la difficulté du français et aux interférences linguistiques et d'autre part, au processus de l'énonciation, à l'argumentation, à la visée interlocutive et au substrat sociologique.

Bigirimana observe sur le corpus le nombre d'occurrences des marques du genre. Il s'intéresse au syntagme nominal par rapport au substantif qui en est le nexus. En prenant le nom comme base syntaxique du syntagme nominal et en considérant la linéarité de l'énoncé, il déduit que plus on s'éloigne du centre, plus nombreux sont les écarts par rapport à la correction de l'accord en genre.

Mfoutou remarque que les francophones congolais utilisent *beaucoup* au lieu de *très* et *trop* au lieu de *beaucoup*. Cette distribution de ces modificateurs reflète les systèmes complexes de représentation intra-culturels.

Le fonctionnement du système prépositionnel du français utilisé au Maroc se caractérise par la substitution de certaines prépositions à d'autres ou tout simplement par leur omission. Ce phénomène apparaît même dans des situations formelles. Boumlik attribue un rôle important à l'influence de la langue première, l'arabe dialectal marocain.

Quatre auteurs se sont occupés des aspects morpho-syntaxiques du français oral en Afrique: Daff, "Petite vitrine syntaxique du français oral au Sénégal" (p. 107-117); Napon, "Les procédés morpho-syntaxiques utilisés par les francophones ouagalais non-scolarisés" (p. 321-329); Bel-Hadj Larbi, "Le français parlé par les intellectuels tunisiens bilingue: une étude morpho-syntaxe" (p. 31-37); Gaadi, "De quelques particularités morphosyntaxiques du français au Maroc" (p. 229-236).

Même si le titre de l'étude de Daff n'évoque que les aspects syntaxiques, l'auteur analyse dans son travail quelques caractéristiques morphosyntaxiques, telle la syntaxe verbale, le groupe nominal, l'emploi de *là* et *là-bas*, les quantifieurs, l'interrogation, la relative, l'emploi de *ça* et *cela*, les temps et modes -l'indicatif domine face au subjonctif- et les organisations discursives.

Napon étudie l'effacement de l'article (ayant son origine dans la construction des syntagmes nominaux par analogie à la structure des langues nationales qui ne connaissent pas de déterminant antéposé au nom), la composition, la dérivation (où les mots peuvent changer de catégorie grammaticale) et quelques altérations diverses, telles la modification des voyelles de la structure syllabique et la modification de la structure syllabique des mots par l'introduction de voyelles épenthétiques entre les consonnes.

Bel-Hadj Larbi mentionne parmi les particularités du français des intellectuels bilingues tunisiens le fait de mêler différents niveaux de langue en passant d'un langage familier à une langue soutenue. Mais elle se concentre sur les difficultés dans le maniement de certaines catégories grammaticales et syntaxiques. Elle relève l'emploi de l'article indéfini *des* devant un substantif précédé d'un adjectif. Les interférences de l'arabe se manifestent tant dans l'application du genre au substantif français que dans l'utilisation du groupe nominal sujet repris tout de suite par un pronom personnel sujet, comme, par exemple, "*l'olivier, il...*". De plus, l'auteur étudie l'ordre inversé: repère -soutien pronominal- verbe (au lieu de: soutien pronominal - verbe - repère), la confusion des pronoms relatifs *que* et *qui*, la confusion ou la suppression des prépositions et le système verbal.

Gaadi remarque, pour le Maroc, aussi des écarts concernant l'article. Ceux-ci se manifestent par l'omission, l'ajout ou le mauvais emploi. L'auteur étudie aussi l'emploi particulier des pronoms personnels et les pronoms relatifs.

6. *Intonation et prosodie.* Deux communications ont pour objet la description prosodique: Simard, "Étude de l'intonation dans le français des locuteurs non scolarisés et scolarisés de Côte d'Ivoire" (367-377) et Guaïtella, "Description et comparaison de phénomènes prosodiques dans le cadre de la francophonie" (p. 237-245).

Simar décrit la mélodie de la phrase française produite par les locuteurs ivoiriens à partir des intervalles mélodiques qui séparent les syllabes les unes des autres. Les pauses déterment de manière essentielle la limitation des groupes intonatifs et par voie de conséquence l'accent final. De plus, l'auteur évoque les problèmes des conventions de notation. Comme notre audition est de caractère peu précis, il est préférable de présenter les représentations sonographiques de séquences étudiées suivie d'une analyse des données.

Guaïtella présente un projet qui a pour but l'analyse de phénomènes prosodiques dans le cadre d'une comparaison entre les variétés de français éloignées géographiquement et culturellement, c'est-à-dire celles de l'Algérie, du Bénin, du Cameroun, de la France, de la Guinée, de l'Île Maurice, du Madagascar et du Québec. Les éléments focalisés seront les structures énumératives, les hésitations, les régulateurs et les liens entre la prosodie et les gestes. Les entrevues seront filmées par caméras vidéo.

Sous la diversité des sujets et des pays abordés, ces actes reflètent la complexité de la situation linguistique de l'Afrique francophone. Elles font ressortir qu'il y a plusieurs français parlés en Afrique. Les locuteurs s'approprient du français et l'adoptent à leurs besoins de communication. À côté des particularités relevées pour les variétés françaises d'Afrique, l'alternance codique constitue l'une des modalités les plus courantes d'expression des locuteurs bilingues et "biculturés". Ce phénomène s'explique par le fait que le bilinguisme et le biculturalisme sont favorables à la pratique du parler bilingue. La créolisation des variétés françaises d'Afrique semble très probable. Néanmoins, certains auteurs refusent cette évolution en se basant sur l'influence considérable de la norme à travers l'école et les médias.

MARIBEL SÁNCHEZ CÁRDENAS
Bâle